일러두기

　일상생활에서 없어서는 안 될 펜(볼펜 등)글씨를 품위 있고 단정하게 써 보겠다는 욕구는 글씨를 쓰는 사람이라면 누구나 갖게 되는 한결같은 소망일 것입니다.

　그러나 이러한 것이 결코 하루아침에 이루어지는 것은 아닙니다. 그런 만큼 무엇보다 중요한 것은 자기 마음에 드는 **바른 서체의 좋은 교재를** 선택하여 꾸준히 노력하는 길밖에 없습니다. 바른 글씨체의 쓰는 법과 원리를 알고 글씨에 대한 지식을 쌓아가면서 자신의 습성화된 나쁜 글씨체와 비교하며 하나하나 고쳐갈 때 비로소 자신의 악필은 교정되고 또 그렇게 되면 어디에 내놓아도 보는 사람들의 호감을 갖게 되는 글씨체가 될 것입니다.

　이 교본은 이러한 점을 감안하여 자신의 악필을 스스로 교정하는 동시에 나아가 올바른 글씨체를 갖는 완벽한 지침서가 되도록 하는데 역점을 두었습니다. 아무쪼록 이 책을 통해서 사회적으로 인정받는 글씨체를 갖는 계기가 되었으면 하는 마음입니다.

저자 씀

기 초 편

- 03   펜을 잡는 법
- 03   펜촉과 잉크의 선택
- 03   여러 가지 펜촉

- 06   여러 가지 글씨체

한글 쓰기 편

- 04   모음 · 자음 정자 쓰기
- 07   모음 정자 쓰기 연습
- 08   자음 정자 쓰기 연습
- 11   정자 쓰기 연습

- 46   모음 ·자음 흘림 쓰기
- 48   모음 흘림 쓰기 연습
- 49   자음 흘림 쓰기 연습
- 51   흘림 글자 쓰기 연습

- 76   우리 나라 지명 쓰기

- 79   정자 가로 이어 쓰기
- 81   정자 세로 이어 쓰기

- 83   흘림 가로 이어 쓰기
- 85   흘림 세로 이어 쓰기

- 87   이어 쓰기 연습

실용문 쓰기 편

- 88   원고지 쓰기
- 89   원고지 쓰는 연습
- 90   감상 · 메모식 일기 쓰기
- 91   인사 · 축하 편지 쓰기
- 92   재직 증명서 · 채무 이행 최고서 쓰기
- 93   재정 보증서 · 계약 무효 통지서 쓰기
- 94   아라비아 숫자 쓰는 법
- 95   이력서 쓰기

펜을 잡는 법

1. 펜대를 잡을 때에는 집게손가락을 펜대의 1cm위치에 얹어 쥐는데, 이때 힘을 주지 않도록 하며, 가장 편하게 쓸 수 있는 각도는 45°~50° 정도이다.
2. 펜대에 지나치게 힘을 주거나 정해진 경사도를 유지하지 않으면 운필이 자유롭지 않게 된다.
3. 손가락 끝이나 손목에 의해 쓰는 글씨가 되지 않도록 주의 한다. 팔로 쓰는 것같이 해야 한다.
4. ball pan이나 각종 펜들의 운필에서도 위와 같은 주의 점에 명심해야 한다.

펜촉과 잉크의 선택

펜촉은 여러 가지 종류가 있으나 보통 쓰이는 것은 다음의 네 가지 종류가 있으며, 잉크는 청색과 검정색이 보통 쓰이는데 엷은 색보다 진한 색을 쓰는 것이 뚜렷해서 보기에도 좋다.

여러 가지 펜촉

1. G 펜 : 연습용으로 적합하며 펜촉 끝이 뾰족하고 탄력성이 있다.
2. 스푼펜 : 사무용에 적합하며, 펜촉 끝이 약간 안으로 오그라져 있고 가장 널리 쓰인다.
3. 활콘펜 : 보통 쓰는 펜으로, G펜과 스푼펜의 중간 정도의 성격을 띠고 있다.
4. 마루펜 : 제도용으로 많이 쓰이며, 글씨를 쓰는 데는 특수한 경우이고 선을 긋는데 알맞다.

모음(홀소리) 자음(닿소리) 정자 쓰기

ㅏ	ㅏ의 점획은 ㅣ의 중심부보다 약간 아래에 위치하게 찍으며, 수평의 방향으로 찍는다.	ㅐ	세로획은 똑바로 그어야 하며, 위의 가로획은 바로 긋고 아래 가로획은 약간 삐쳐 올린다.
ㅑ	두 점은 ㅣ를 3등분하는 아래쪽에 찍되, 위의 점획과 아래의 점획 끝은 서로 반대 방향으로 찍는다.	ㅒ	ㅐ와 같은 방법으로 쓰되 가로획이 안쪽에 붙고 점선부분을 잘 살펴서 정중히 쓴다.
ㅓ	점은 ㅣ를 2등분하는 중간에 찍으나 약간 위에 찍어도 좋다. 처음부터 차차 위로 올라가는 기분으로 찍는다.	ㅔ	가로 두 획은 사이를 좀 넓게 긋고 세로 두 획은 똑바로 그으며 끝은 가벼이 뗀다.
ㅕ	점을 찍는 법은 ㅑ와 같이 ㅣ를 3등분하는 위치에 찍으며, 위의 점획과 아래의 점획 끝은 ㅑ와 같다.	ㅘ	ㅗ의 점은 가운데 찍고 ㅗ와 ㅏ를 붙인다.
ㅗ	점은 ㅡ의 중심보다 약간 오른편에 긋는다.	ㅙ	ㅇ표 부분을 고르게 하고 모든 획은 똑바로 부드럽게 긋는다.
ㅛ	ㅛ의 세로 두 획은 가로획의 중심에서 같은 거리에 긋되 왼쪽 획은 약간 짧게 긋는다.	ㅚ	ㅗ의 가로획은 끝을 약간 들어 주고 ㅣ는 똑바로 내리 긋는다.
ㅜ	ㅜ의 세로획은 가로획의 중심부분에 내리 긋되 중심에서 약간 오른쪽으로 오는 경우가 많다.	ㅝ	ㅜ의 가로획은 끝을 가벼이 들며 세로획은 왼쪽으로 삐치되 너무 길지 않게 하고 아래 가로획은 ㅣ의 중심부에 찍는다.
ㅠ	세로 두 획은 가로획의 중심에서 같은 거리에 긋되 왼쪽 획은 약간 짧게 긋는다. 내리 긋는 방향에 주의한다.	ㅞ	가로획은 끝을 가벼이 들며 세로획은 왼쪽으로 삐치되 너무 길지 않게 하고 똑바로 그어야 하며, ㅇ표 부분을 고르게 한다.
ㅡ	수평으로 긋되 약간 휨임을 주고 처음은 힘을 주고 끝은 부드럽게 긋는다.	ㅟ	위의 가로획은 끝을 가벼이 들며 세로획은 왼쪽으로 삐치되 너무 길지 않게 쓸 것이며, ㅣ는 똑바로 내리 긋는다.
ㅣ	바로 내리 긋되 끝은 바르고 가늘게 뗀다.	ㅢ	가로획은 끝을 가벼이 삐치고 세로획은 똑바로 내리 긋는다.
ㅐ	ㅐ의 세로획은 똑바로 그어야 하며, 가로획은 세로획의 가운데 긋되 자음을 붙이면 옆으로 본 정삼각형을 이룬다.	ㅇ	ㅇ표 부분은 모가 나도록 쓰며 △표 부분은 가볍게 삐친다. ※ㅏㅑㅓㅕㅣ에 붙여 쓴다.

✱ 지나가는 매년은 우리들에게서 무엇인가 빼앗아간다(라틴어) ✱

ㄱ	○표 부분에 약간 모를 죽이면서 똑바로 내리 긋는다. ※ㅗㅛ에 받침에 쓰이며 모음에 따라 약간의 변화는 있다.	ㅈ	좌측으로 삐치는 부분과 중심을 잘 맞추고 ○표의 조화를 잘 이루도록 한다.
ㄴ	펜을 대고 허리를 굽히다가 왼쪽으로 거슬러 접고 끝을 가볍게 삐친다.	ㅈ	좌측으로 삐치는 부분과 점선에 주의하고 정중히 쓰도록 한다.
ㄴ	처음 시작에는 정중히 눌러 다시 약간 들고 돌린 후 ○표의 끝이 약간 처들리도록 뗀다.	ㅊ	○표 부분은 가볍게 대고 △표 부분은 눌러서 반대 방향으로 펜을 뗀다.
ㄷ	ㄴ와 같은 방법으로 쓰되 ○표 부분을 띄우지 않도록 한다.	ㅊ	○표 부분은 약하게 대고 △표 부분은 강하게 한다. ※ㅓㅕ에 붙여 쓴다.
ㄷ	ㄴ부분의 획이 ㅡ부분의 끝보다 길어지지 않도록 한다. ※ㄴㅛㅜㅠㅡ에 붙여 쓴다.	ㅋ	△표 부분에는 모가 나지 않도록 하고 가운데 가로획은 중심을 잘 잡아야 한다. ※ㅏㅑㅓㅕㅣ에 붙여 쓴다.
ㄹ	○표 부분의 칸을 고르게 하고 중심의 가로획은 수평을 유지해야 하며 아래 부분은 끝을 가볍게 삐친다.	ㅋ	○표 부분에 약간 모를 죽이고 똑바로 내리긋고, 중간의 가로획은 끝을 가벼이 들도록 한다. ※ㄴㅛㅜㅠㅡ에 붙여 쓰이나 약간의 변화는 있다.
ㄹ	○표 부분의 칸을 고르게 하고 가운데 가로획은 수평을 이루어야 한다. ※ㄴㅛㅜㅠㅡ에 붙여 쓴다.	ㅌ	1·2의 가로획의 길이는 같고 ○표의 간격도 같다. ※ㅏㅑㅓㅕㅣ에 붙여 쓴다.
ㅁ	아래를 좁지 않게 하고 ○표 부분의 접필에 주의한다.	ㅌ	위의 두 가로획은 똑같은 길이이며, ○표의 간격을 잘 고르고 접선에 주의한다. ※받침에 쓴다.
ㅂ	필순을 틀리지 않게 하고 아래를 좁지 않게 한다.	ㅍ	점선을 잘 보고 기울지 않게 균형을 잘 잡아야 한다. 모음에 따라 약간씩 변동이 있다.
ㅅ	첫번째 획은 옆으로 삐치고 다음 둘째 획은 끝에 힘이 뭉치도록 한다.	ㅍ	점선을 잘 보고 균형을 맞출 것이며, 밑의 가로획은 부획을 긋고 위의 것은 양획이다. 받침에 쓰인다. ※ㄴㅛㅜㅠㅡ에 붙여 쓸 때에는 가로획이 같다.
ㅅ	첫번째 획은 옆으로 삐치고 다음 둘째 획은 아래로 내려 멈추어 준다. 혹은 좌측으로 약간 돌리기도 한다. ※ㅓㅕ에 붙여 쓴다.	ㅎ	○표 부분의 간격을 고르게 하고 점선을 잘 보고 균형을 맞춘다.
ㅇ	두 번에 쓰는 것이 좋지만 받침인 경우에는 한 번에 쓰는 수도 있다.	ㅎ	○표 부분의 간격을 고르게 하고 점선에 주의한다.

여러 가지 글씨체

다양하고 아름다운 서체

다양하고 아름다운 서체

다양하고 아름다운 서체

다양하고 아름다운 서체

다양하고 아름다운 서체

다양하고 아름다운 서체

다양하고 아름다운 서체

다양하고 **아름다운 서체**

세나루 디나루

그래픽 태그래픽

✻ 위대한 사람은 그 자신을 안다(셰익스피어) ✻   모음 정자 쓰기 연습 **7**

| ㅏ |
| ㅑ |
| ㅓ |
| ㅕ |
| ㅗ |
| ㅛ |
| ㅜ |
| ㅠ |
| ㅡ |
| ㅣ |
| ㅐ |
| ㅒ |
| ㅔ |
| ㅖ |
| ㅘ |

8 자음 정자 쓰기 연습 　　　　　　　　　　　　　　＊ 만약 당신이 탁월하려면, 잘 연습하라 (중국) ＊

괘	괘					괘			
저	저					저			
제	제					제			
기	기					기			
ノ	ノ					ノ			
ㄱ	ㄱ					ㄱ			
ㄴ	ㄴ					ㄴ			
ㄴ	ㄴ					ㄴ			
ㄷ	ㄷ					ㄷ			
ㄷ	ㄷ					ㄷ			
ㄹ	ㄹ					ㄹ			
ㄹ	ㄹ					ㄹ			
ㅁ	ㅁ					ㅁ			
ㅂ	ㅂ					ㅂ			

* 단 한 권의 책밖에 읽은 적이 없는 사람을 경계하라(디즈레일리) *

✱ 오늘 준비 않은 자는 내일도 그렇게 준비 안될 것이다 (라틴어) ✱

ㄲ	ㄲ					ㄲ			
ㄲ	ㄲ					ㄲ			
ㄸ	ㄸ					ㄸ			
ㅃ	ㅃ					ㅃ			
ㅆ	ㅆ					ㅆ			
ㅉ	ㅉ					ㅉ			
ㅉ	ㅉ					ㅉ			
ㄳ	ㄳ					ㄳ			
ㄵ	ㄵ					ㄵ			
ㄶ	ㄶ					ㄶ			
ㄺ	ㄺ					ㄺ			
ㄻ	ㄻ					ㄻ			
ㅀ	ㅀ					ㅀ			
ㅄ	ㅄ					ㅄ			

✱ 모든 것은 근면에 의해서 얻어진다(그리이스) ✱

가
야
거
겨
고
교
구
규
그
기
각
간
갇
갈

* 학식있는 사람은 항상 자신 안에서 풍부함을 갖고 있다 (라틴어) *

감	감					감			
갑	갑					갑			
갓	갓					갓			
강	강					강			
갖	갖					갖			
갗	갗					갗			
같	같					같			
갚	갚					갚			
갛	갛					갛			
곡	곡					곡			
곤	곤					곤			
곧	곧					곧			
골	골					골			
곰	곰					곰			

* 모든 것을 아는 것은 아무것도 모르는 것이다 (이태리) *

급	급				급			
곳	곳				곳			
공	공				공			
국	국				국			
군	군				군			
굳	굳				굳			
굴	굴				굴			
굼	굼				굼			
굽	굽				굽			
굿	굿				굿			
궂	궂				궂			
나	나				나			
냐	냐				냐			
너	너				너			

* 자신의 무지를 아는 것이 지식의 가장 핵심이다 (중국) *

녀	녀					녀			
노	노					노			
누	누					누			
느	느					느			
니	니					니			
낙	낙					낙			
난	난					난			
넌	넌					넌			
논	논					논			
눈	눈					눈			
날	날					날			
날	날					날			
놀	놀					놀			
눌	눌					눌			

✽ 빠른 결심은 확실하지 않다(그리이스) ✽

남	남				남			
놈	놈				놈			
넘	넘				넘			
넙	넙				넙			
눕	눕				눕			
늡	늡				늡			
낫					낫			
늣					늣			
낭	낭				낭			
농	농				농			
늣	늣				늣			
낯	낯				낯			
높	높				높			
낳	낳				낳			

* 기회가 인간을 지배하지 인간이 기회를 지배하지 않는다(그리이스) *

다	다				다			
더	더				더			
도	도				도			
두	두				두			
듀	듀				듀			
드	드				드			
닥	닥				닥			
단	단				단			
달	달				달			
달	달				달			
담	담				담			
답	답				답			
당	당				당			
당	당				당			

* 기회는 언제나 신중한 사람편에서 싸운다 (그리이스) *

덕	덕				덕			
던	던				던			
덜	덜				덜			
덤	덤				덤			
덥	덥				덥			
덧	덧				덧			
덩	덩				덩			
덮	덮				덮			
독	독				독			
돈	돈				돈			
돈	돈				돈			
돌	돌				돌			
돔	돔				돔			
돕	돕				돕			

* 천재는 노력하는 능력이다 (나폴레옹) *

돗
동
돗
둑
둔
둘
둠
둡
둥
득
든
들
듬

* 가장 큰 희생은 시간의 희생이다(그리이스) *

둡	둡				둡			
둣	둣				둣			
등	등				등			
딜	딜				딜			
라	라				라			
랴	랴				랴			
러	러				러			
려	려				려			
로	로				로			
료	료				료			
루	루				루			
류	류				류			
르	르				르			
리	리				리			

※ 미래에 서있는 사람은 미친 사람임에 틀림없다(불어) ※

락	락					락			
란	란					란			
랄	랄					랄			
람	람					람			
랍	랍					랍			
랏	랏					랏			
랑	랑					랑			
랑	랑					랑			
럭	럭					럭			
련	련					련			
렵	렵					렵			
령	령					령			
렁	렁					렁			
록	록					록			

* 정의는 비록 늦지만, 확실하다 (그리이스) *

론	론				론			
롣	롣				롣			
롤	롤				롤			
롬	롬				롬			
롭	롭				롭			
롯	롯				롯			
롱	롱				롱			
룩	룩				룩			
룸	룸				룸			
룹	룹				룹			
룩	룩				룩			
룬	룬				룬			
룰	룰				룰			
룽	룽				룽			

모든 불행은 인내에 의해서 극복된다(라틴어)

린	린					린		
릴	릴					릴		
림	림					림		
립	립					립		
링	링					링		
마	마					마		
머	머					머		
며	며					며		
모	모					모		
묘	묘					묘		
무	무					무		
뮤	뮤					뮤		
므	므					므		
미	미					미		

* 인내는 천국의 열쇠이다(터어키) *

막	막				막			
만	만				만			
맏	맏				맏			
말	말				말			
맘	맘				맘			
맙	맙				맙			
맛	맛				맛			
망	망				망			
맞	맞				맞			
목	목				목			
몬	몬				몬			
몰	몰				몰			
몸	몸				몸			
몹	몹				몹			

※ 희망은 잠을 자지 않고 꾸는 꿈과 같다(그리이스) ※

못	못				못				
몽	몽				몽				
묵	묵				묵				
문	문				문				
물	물				물				
뭍	뭍				뭍				
뭅	뭅				뭅				
뭇	뭇				뭇				
뭉	뭉				뭉				
물	물				물				
뮬	뮬				뮬				
바	바				바				
뱌	뱌				뱌				
버	버				버				

* 자만은 자신의 결점의 가면이다 (헤브루) *

벼	벼				벼			
보	보				보			
부	부				부			
뷰	뷰				뷰			
브	브				브			
비	비				비			
박	박				박			
반	반				반			
받	받				받			
발	발				발			
밤	밤				밤			
밥	밥				밥			
방	방				방			
밭	밭				밭			

※ 시간이 그대에게 인사하지 않는다, 그러면 당신이 시간에게 인사해야 한다(러시아) ※

번	번					번			
별	별					별			
범	범					범			
법	법					법			
벗	벗					벗			
볼	볼					볼			
봄	봄					봄			
봅	봅					봅			
붓	붓					붓			
봉	봉					봉			
북	북					북			
분	분					분			
불	불					불			
불	불					불			

* 판단에 있어서 서두름은 죄이다 (라틴어) *

붐	붐					붐			
븜	븜					븜			
붓	붓					붓			
붕	붕					붕			
사	사					사			
샤	샤					샤			
서	서					서			
셔	셔					셔			
소	소					소			
쇼	쇼					쇼			
수	수					수			
슈	슈					슈			
스	스					스			
시	시					시			

시간은 진리의 사자이다(라틴어)

산	산					산			
살	살					살			
삼	삼					삼			
상	상					상			
선	선					선			
설	설					설			
섬	섬					섬			
섭	섭					섭			
성	성					성			
셥	셥					셥			
속	속					속			
손	손					손			
솔	솔					솔			
솜	솜					솜			

* 시간은 공평한 법칙으로 서 있다 (라틴어) *

솝	솝				솝				
숫	숫				숫				
송	송				송				
솔	솔				솔				
숙	숙				숙				
순	순				순				
술	술				술				
숨	숨				숨				
숭	숭				숭				
숯	숯				숯				
슬	슬				슬				
신	신				신				
싶	싶				싶				
아	아				아				

※ 한 인치의 시간은 한 인치의 황금에 의해서 살 수 있다(중국)※

야	야				야			
어	어				어			
여	여				여			
오	오				오			
요	요				요			
우	우				우			
악	악				악			
앙	앙				앙			
언	언				언			
얼	얼				얼			
올	올				올			
운	운				운			
움	움				움			
을	을				을			

* 믿음은 증명이 없는 확신이다(불어) *

읍	읍				읍			
잇	잇				잇			
자	자				자			
쟈	쟈				쟈			
저	저				저			
져	져				져			
조	조				조			
주	주				주			
작	작				작			
장	장				장			
전	전				전			
절	절				절			
좀	좀				좀			
준	준				준			

모든 일괄적인 판단은 불완전하다(불어)

즐	즐					즐			
즙	즙					즙			
짓	짓					짓			
차	차					차			
처	처					처			
쳐	쳐					쳐			
초	초					초			
쵸	쵸					쵸			
추	추					추			
츠	츠					츠			
착	착					착			
찾	찾					찾			
천	천					천			
총	총					총			

* 기다릴줄 아는 것은 성공의 큰 비결이다(불어) *

출	출				타	타			
카	카				터	터			
캬	캬				토	토			
커	커				투	투			
켜	켜				탁	탁			
코	코				탄	탄			
쿠	쿠				털	털			
키	키				텃	텃			
간	간				톡	톡			
검	검				통	통			
콩	콩				톱	톱			
쿨	쿨				툭	툭			
큼	큼				특	특			
킁	킁				틀	틀			

진리는 모든 것을 정복한다(라틴어)

파	파				학	학			
퍼	퍼				한	한			
펴	펴				할	할			
포	포				함	함			
푸	푸				형	형			
팍	팍				혹	혹			
편	편				혼	혼			
펄	펄				홀	홀			
퐁	퐁				홍	홍			
풋	풋				훈	훈			
풍	풍				훗	훗			
하	하				흡	흡			
허	허				힌	힌			
호	호				힘	힘			

※ 너무 지나치게 생각하는 사람은 거의 실천하지 못할 것이다(독어) ※

까	까					까			
꺼	꺼					꺼			
껴	껴					껴			
깨	깨					깨			
꼬	꼬					꼬			
꾸	꾸					꾸			
꾀	꾀					꾀			
깍	깍					깍			
꼴	꼴					꼴			
꼼	꼼					꼼			
꿉	꿉					꿉			
꿋	꿋					꿋			
꿍	꿍					꿍			
끝	끝					끝			

✽ 가장 나쁜 생활이라도 가장 나쁜 죽음보다 낫다 (이디시어) ✽

깬	깬				깬		
따	따				따		
떠	떠				떠		
또	또				또		
뚜	뚜				뚜		
때	때				때		
딱	딱				딱		
떱	떱				떱		
뜻	뜻				뜻		
뚱	뚱				뚱		
땐	땐				땐		
떰	떰				떰		
뜔	뜔				뜔		
빠	빠				빠		

* 살면서 다른 사람도 살게 하라 (독어) *

뻐	뻐				뻐			
뼈	뼈				뼈			
뽀	뽀				뽀			
뾰	뾰				뾰			
뿌	뿌				뿌			
빠	빠				빠			
빡	빡				빡			
뺨	뺨				뺨			
뻔	뻔				뻔			
뻗	뻗				뻗			
뽑	뽑				뽑			
뽓	뽓				뽓			
뿡	뿡				뿡			
뿔	뿔				뿔			

불의에 의해서 얻은 힘은 결코 좋은 목적에 사용되지 못한다(라틴어)

뺄	뺄					뺄		
싸	싸					싸		
써	써					써		
쏘	쏘					쏘		
쑤	쑤					쑤		
쓰	쓰					쓰		
쌔	쌔					쌔		
쐬	쐬					쐬		
싹	싹					싹		
쌀	쌀					쌀		
쌈	쌈					쌈		
쌉	쌉					쌉		
썻	썻					썻		
쏭	쏭					쏭		

악을 돕는 자는 선을 해친다(그리이스)

쑥	쑥				쑥			
쌜	쌜				쌜			
짜	짜				짜			
쩌	쩌				쩌			
쪼	쪼				쪼			
쭈	쭈				쭈			
찌	찌				찌			
째	째				째			
짝	짝				짝			
짠	짠				짠			
짬	짬				짬			
쫏	쫏				쫏			
쫍	쫍				쫍			
쫄	쫄				쫄			

* 당신의 감정을 지배하라, 그렇지 않으면 당신이 지배될 것이다 (라틴어) *

줍	줍					줍			
쫑	쫑					쫑			
짹	짹					짹			
겪	겪					겪			
깎	깎					깎			
꺾	꺾					꺾			
낚	낚					낚			
덕	덕					덕			
딱	딱					딱			
묵	묵					묵			
밖	밖					밖			
복	복					복			
섞	섞					섞			
속	속					속			

✱ 행복한 생활은 마음의 평온에 있다 (라틴어) ✱

역	역					역			
겠	겠					겠			
셨	셨					셨			
넜	넜					넜			
샀	샀					샀			
못	못					못			
팥	팥					팥			
앉	앉					앉			
얹	얹					얹			
꼻	꼻					꼻			
끊	끊					끊			
맣	맣					맣			
않	않					않			
잖	잖					잖			

* 다른 사람의 슬픔을 기뻐하지 마라 (터어키) *

짱	짱					짱			
창	창					창			
갉	갉					갉			
굵	굵					굵			
긁	긁					긁			
낚	낚					낚			
늙	늙					늙			
닭	닭					닭			
맑	맑					맑			
묶	묶					묶			
밝	밝					밝			
볶	볶					볶			
삵	삵					삵			
슭	슭					슭			

✱ 욕망은 추한 것을 미화시킨다(스페인) ✱

앍	앍					앍			
얽	얽					얽			
읽	읽					읽			
칡	칡					칡			
닭	닭					닭			
흙	흙					흙			
곰	곰					곰			
굼	굼					굼			
담	담					담			
삶	삶					삶			
밤	밤					밤			
암	암					암			
옴	옴					옴			
점	점					점			

※ 결의가 없는 사람은 그의 이마에 땀방울을 흘리며 살아가야 한다(중국) ※

짊	짊				짊			
넓	넓				넓			
닭	닭				닭			
덟	덟				덟			
떫	떫				떫			
밟	밟				밟			
섦	섦				섦			
얇	얇				얇			
엷	엷				엷			
짧	짧				짧			
돐	돐				돐			
곬	곬				곬			
핥	핥				핥			
훑	훑				훑			

* 용감한 사람은 그의 운명을 개척한다 (스페인) *

훈	훈					훈			
을	을					을			
공	공					공			
꿍	꿍					꿍			
끄랑	끄랑					끄랑			
닭	닭					닭			
뚱	뚱					뚱			
싫	싫					싫			
앓	앓					앓			
옳	옳					옳			
잃	잃					잃			
값	값					값			
없	없					없			
옰	옰					옰			

모음(홀소리) 자음(닿소리) 흘림 쓰기

ㅏ	ㅏ의 두 획을 연속시켜 쓰되 ○표 부분에 각을 지우지 않도록 주의하여 쓴다.	ㅒ	처음 가로획과 두번째 획을 연속시켜 긋되, 세로획을 중심으로 하여 일정한 간격을 둔다.
ㅑ	내리긋는 획의 끝을 왼쪽으로 삐쳐주는 기분으로 밖의 두 점으로 가서 연속으로 쓰고 화살표 방향으로 달리듯이 그어야 한다.	ㅖ	○표 부분에 각이 생기지 않도록 꺾되, 부드럽게 써야 한다.
ㅓ	두 획을 연속시켜 쓰되 ○표 부분에 모나지 않게 하고 부드럽게 그어야 한다.	ㅔ	처음 가로 획과 두번째 획을 연속시켜 그으며, 세로획은 바로 내리 긋는다.
ㅕ	ㅣ를 3등분하는 위치에서 두 점을 연속시켜 쓰는데 처음의 가로획을 별도로 쓰는 경우도 있다.	ㅘ	ㅗ에서 ㅏ로 연속으로 부드럽게 써야 한다.
ㅗ	중심에서 약간 오른쪽에 쓰되, 첫째획과 둘째획을 연속시켜 쓴다.	ㅙ	ㅗ의 두번째 획은 달리듯이 ㅐ로 가며, ㅐ의 처음 획은 부드럽게 삐쳐 올린다.
ㅛ	중심을 잘 보고 세로획의 두 점을 벌려서 쓰며 세 획을 연속시켜 쓰되, 처음 획은 짧고 두번째 획은 길게 긋는다.	ㅚ	ㅗ에서 ㅣ로 연속으로 부드럽게 써야한다.
ㅜ	윗 몸의 오른쪽에 맞춰 꺾어 내리되, ○표 부분에 모나지 않게 그어야 한다.	ㅝ	○표 부분에 모가 생기지 않게 굽히고 부드럽게 써야 한다. 가로와 세로 획을 연결하여 쓰기도 한다.
ㅠ	처음 획과 두번째 획은 연속으로 쓰며, 마지막 획은 별도로 바로 내리 긋는다. 세 개의 획을 연속시켜 쓸 때도 있다.	ㅞ	○표 부분을 고르게 하고 점과 획을 부드럽게 써야 한다.
ㅡ	기필점에서 가볍게 대어 그으면서 수필점에 와서 휘임을 주면서 약간 눌러 뗀다.	ㅟ	○표 부분에 모가 생기지 않게 굽히고 부드럽게 쓴다.
ㅣ	가볍게 펜을 대어 자연스럽게 바로 그어 내린다.	ㅢ	처음 가로획은 약간 삐쳐 올리고 세로획은 바르게 그어 내린다.
ㅐ	처음 획과 두번째 획을 연속시켜 쓰되, ○표 부분은 부드럽게 삐쳐 올리고 세로획은 바로 내리 긋는다.	ㆁ	○표 부분에 모가 생기지 않도록 자연스럽게 굽혀 쓴다. ※ ㅏㅑㅓㅕㅣ에 붙여 쓴다.

✽ 인간의 판단은 오류에 빠지기 쉽다 (라틴어) ✽

ㄱ	모가 생기지 않게 서서히 휘어 내린다. ※ ㅗㅛㅜㅠㅡ와 받침에 붙여 쓴다.	ㅈ	ㅅ의 요령과 같이 쓰되 각을 지우지 않도록 주의한다.
ㄴ	○표 부분에 모가 생기지 않도록 서서히 휘면서 △표 부분에서는 가볍게 들어 준다. ※ ㅏㅑㅓㅕㅣ에 붙여 쓴다.	ㅈ	모든 획을 부드럽게 하고 점선 부분에 주의한다. ※ ㅓㅕ에 붙여 쓴다.
ㄴ	○표 부분에 모가 생기지 않게 한다. ※ 받침에만 쓰인다.	ㅊ	○표 부분에 모 나지 않게 하고 부드럽게 쓴다. 점선을 잘 본다.
ㄹ	두 획을 연결하여 쓰며 ○표 부분에서는 힘을 주고 약간 위로 삐친다. ※ ㅏㅓㅕㅣ에 붙여 쓴다.	ㅎ	전체적으로 부드럽게 쓰며 점선 부분에 주의한다. ※ ㅓㅕ에 붙여 쓴다.
ㄷ	두 획을 연결하여 쓰며 밑의 가로 획은 위의 가로획보다 약간 짧게 긋는다. ※ ㅗㅛㅜㅠㅡ와 받침에 쓰인다.	ㅋ	각을 지우지 말고 서서히 굽히면서 부드럽게 쓴다. ※ ㅏㅑㅓㅕ에 붙여 쓴다.
ㄹ	가로와 세로획을 연결하여 쓰며 점선을 잘 보고 쓴다. ※ ㅏㅑㅓㅕ에 붙여쓴다.	ㅋ	처음은 약하게 대고 서서히 굽히면서 끝은 가볍게 든다. ※ ㅗㅛㅜㅠ와 받침에 쓰인다.
ㄹ	가로와 세로획을 연결하여 쓰며 좌우 점선에 주의한다. ※ ㅗㅛㅜㅠㅡ와 받침에 붙여 쓴다.	ㅌ	처음 가로획과 다음 가로획을 연결하지 않도록 한다. ※ ㅏㅑㅓㅕ에 붙여 쓴다.
ㅁ	모든 획을 연결하고 전체의 모양이 네모꼴을 이루어야 한다. 밑 부분이 길게 나오지 않도록 주의한다.	ㅌ	처음 획과 두번째 획은 연결하지 않으며 끝의 멈추는 부분에 주의한다. ※ ㅗㅛㅜㅠㅡ와 받침에 쓰인다.
ㅂ	모든 획을 부드럽게 하면서 두번째, 세번째, 네번째 획은 연속시켜서 쓴다.	ㅍ	처음 가로획은 약간의 휘임을 주고 세로획은 연결하는 기분으로 쓴다. 완전 흘림에서는 모두 연결하여 쓴다. ※ ㅏㅑㅓㅕㅣ에 붙여 쓴다.
ㅅ	처음획의 수필점 부터 두번째 획의 기필점까지는 공필로 하되 연결된 기분으로 쓴다. ※ ㅏㅑㅣ와 받침에 붙여 쓴다.	ㅍ	세로 두 획은 연결하는 기분으로 쓴다. 완전흘림에서는 모두 연결하여 쓴다. ※ ㅗㅛㅜㅠㅡ와 받침에 붙여 쓴다.
ㅅ	처음과 두번째 획을 연속시켜 쓴다. 점선부분에 주의한다. ※ ㅓㅕ에 붙여 쓴다.	ㅎ	간격을 고르게 잡고 처음 점은 연속시키지 않도록 주의한다.
ㅇ	두 번에 쓰지만 받침일 경우에는 한번에 이어서 쓰도록 한다.		※ 한글의 기본 자모(子母)는 24자이나 사전에서는 자음 19, 모음 21, 겹받침 13자를 합하여 모두 53자이다.

48 모음 흘림 쓰기 연습   ∗ 한 온스의 인내심은 한 파운드의 지혜만큼 가치가 있다(네덜란드) ∗

✱ 명예를 잃은 자는 그 밖에 다른 어떤 것도 잃을 것이 없다(라틴어) ✱   자음 흘림 쓰기 연습 **49**

과	과					과		
괘	괘					괘		
거	거					거		
계	계					계		
ㄱ	ㄱ					ㄱ		
ㄱ	ㄱ					ㄱ		
ㄴ	ㄴ					ㄴ		
ㄴ	ㄴ					ㄴ		
ㄷ	ㄷ					ㄷ		
ㄹ	ㄹ					ㄹ		
ㄹ	ㄹ					ㄹ		
ㄹ	ㄹ					ㄹ		
ㄹ	ㄹ					ㄹ		
ㅁ	ㅁ					ㅁ		

ㅁ	ㅁ					ㅁ			
ㅂ	ㅂ					ㅂ			
ㅅ	ㅅ					ㅅ			
ㅇ	ㅇ					ㅇ			
ㅈ	ㅈ					ㅈ			
ㅊ	ㅊ					ㅊ			
ㅋ	ㅋ					ㅋ			
ㅌ	ㅌ					ㅌ			
ㅍ	ㅍ					ㅍ			
ㅎ	ㅎ					ㅎ			

* 인생은 짧고 예술은 길다(그리이스) *

가	가				가		
겨	겨				겨		
고	고				고		
국	국				국		
게	게				게		
각	각				각		
간	간				간		
같	같				같		
검	검				검		
갓	갓				갓		
갖	갖				갖		
갈	갈				갈		
강	강				강		
결	결				결		

✱ 시간이 즐거울수록, 시간은 더욱 빠르게 지나간다(라틴어) ✱

곳	곳					곳			
공	공					공			
골	골					골			
굴	굴					굴			
갭	갭					갭			
나	나					나			
니	니					니			
노	노					노			
누	누					누			
낙	낙					낙			
년	년					년			
놈	놈					놈			
놋	놋					놋			
농	농					농			

* 자연법칙에는 예외라는 것이 하나도 없다(허버트 스펜서) *

놀	놀					놀			
놓	놓					놓			
녹	녹					녹			
놀	놀					놀			
낼	낼					낼			
냅	냅					냅			
디	디					디			
더	더					더			
도	도					도			
득	득					득			
닥	닥					닥			
단	단					단			
동	동					동			
돗	돗					돗			

✱ 비교는 우리 친구를 적으로 만든다 (그리이스) ✱

듯	듯					듯		
듭	듭					듭		
둥	둥					둥		
댈	댈					댈		
뎜	뎜					뎜		
됫	됫					됫		
뒷	뒷					뒷		
리	리					리		
리	리					리		
로	로					로		
록	록					록		
락	락					락		
란	란					란		
랍	랍					랍		

✱ 믿음은 인생의 힘이다(톨스토이) ✱

랗	랗					랗			
랳	랳					랳			
랏	랏					랏			
랑	랑					랑			
록	록					록			
론	론					론			
를	를					를			
름	름					름			
롯	롯					롯			
룡	룡					룡			
램	램					램			
미	미					미			
매	매					매			
모	모					모			

미래에 대해서 염려하지 마라. 그러면 당신은 현재에 대해 슬퍼할 것이다(중국)

목	목				목		
매	매				매		
막	막				막		
맏	맏				맏		
말	말				말		
맘	맘				맘		
맞	맞				맞		
맡	맡				맡		
면	면				면		
목	목				목		
본	본				본		
볼	볼				볼		
봄	봄				봄		
봅	봅				봅		

* 사람의 예절은 그의 재산이 된다(라틴어) *

못	못				못		
콩	콩				콩		
깸	깸				깸		
맷	맷				맷		
비	비				비		
베	베				베		
보	보				보		
복	복				복		
박	박				박		
반	반				반		
밥	밥				밥		
방	방				방		
밭	밭				밭		
변	변				변		

멀리 있는 것을 겨냥하기 때문에, 가까이 있는 것을 경시하지 말라(그리이스)

복	복					복			
물	물					물			
벗	벗					벗			
병	병					병			
별	별					별			
뱀	뱀					뱀			
멧	멧					멧			
신	신					신			
쇠	쇠					쇠			
셔	셔					셔			
소	소					소			
숙	숙					숙			
세	세					세			
삭	삭					삭			

* 행운은 물레방아 바퀴처럼 둥글게 돈다 (스페인) *

심	심					심			
선	선					셍			
상	상					선			
설	설					설			
속	속					속			
손	손					손			
솔	솔					솔			
솜	솜					솜			
송	송					송			
솟	솟					솟			
숙	숙					숙			
순	순					순			
술	술					술			
숨	숨					숨			

만약 당신이 다른 사람을 위해 기도하면, 당신 자신을 돕는 것이 될 것이다(이디시어)

숨	숨				숨			
승	승				승			
숫	숫				숫			
샐	샐				샐			
샘	샘				샘			
쉿	쉿				쉿			
이	이				이			
어	어				어			
오	오				오			
우	우				우			
애	애				애			
에	에				에			
악	악				악			
압	압				압			

* 바보는 언제나 그를 존경하는 큰 바보를 찾는다 (불어) *

연	연					연			
일	일					일			
옴	옴					옴			
옷	옷					옷			
옥	옥					옥			
온	온					온			
올	올					올			
음	음					음			
읍	읍					읍			
웃	웃					웃			
웅	웅					웅			
윷	윷					윷			
지	지					지			
자	자					자			

✱ 그대 생활에 있어서 하루하루는 역사에 있어서 한 풀잎과 같다(그리이스) ✱

쥐	쥐					쥐			
조	조					조			
죽	죽					죽			
작	작					작			
잔	잔					잔			
잘	잘					잘			
잠	잠					잠			
잣	잣					잣			
중	중					중			
줄	줄					줄			
즙	즙					즙			
즛	즛					즛			
증	증					증			
잽	잽					잽			

✽ 사랑에는 꿀과 독이 풍부히 있다(라틴어) ✽

치	치				치			
처	처				처			
초	초				초			
축	축				축			
채	채				채			
착	착				착			
찰	찰				찰			
참	참				참			
창	창				창			
찾	찾				찾			
천	천				천			
측	측				측			
춘	춘				춘			
출	출				출			

* 새로운 친구를 사귀라, 그러나 옛 친구를 잊지마라 (이디시어) *

흠	흠					흠		
흡	흡					흡		
홋	홋					홋		
홍	홍					홍		
축	축					축		
춘	춘					춘		
출	출					출		
츰	츰					츰		
츱	츱					츱		
촛	촛					촛		
총	총					총		
참	참					참		
챗	챗					챗		
키	키					키		

＊ 사랑은 시간이 흐르게 하며, 시간은 사랑을 지나가게 한다(불어) ＊　　　　　　　　　　65

키	키					키			
고	고					고			
곡	곡					곡			
게	게					게			
각	각					각			
간	간					간			
길	길					길			
김	김					김			
깃	깃					깃			
곧	곧					곧			
곰	곰					곰			
공	공					공			
곳	곳					곳			
글	글					글			

* 사랑은 행복을 소멸시키고, 행복은 사랑을 소멸시킨다(스페인) *

곡	곡					곡			
곤	곤					곤			
골	골					골			
곰	곰					곰			
공	공					공			
곳	곳					곳			
깸	깸					깸			
갱	갱					갱			
괫	괫					괫			
리	리					리			
윽	윽					윽			
래	래					래			
탁	탁					탁			
탄	탄					탄			

✶ 모든 열정은 나이 듦으로 사라진다 (불어) ✶

탐	탐					탐			
탓	탓					탓			
톡	톡					톡			
톤	톤					톤			
특	특					특			
훗	훗					훗			
탱	탱					탱			
피	피					피			
펴	펴					펴			
포	포					포			
패	패					패			
팍	팍					팍			
팜	팜					팜			
팝	팝					팝			

팡	팡					팡			
핀	핀					핀			
폭	폭					폭			
폿	폿					폿			
폴	폴					폴			
폼	폼					폼			
푝	푝					푝			
푠	푠					푠			
푤	푤					푤			
품	품					품			
풋	풋					풋			
풍	풍					풍			
팰	팰					팰			
팻	팻					팻			

✲ 신은 인내하는 사람과 함께 있다 (아라비안) ✲

허	허					허			
하	하					하			
호	호					호			
효	효					효			
흑	흑					흑			
훅	훅					훅			
해	해					해			
학	학					학			
한	한					한			
핥	핥					핥			
함	함					함			
흑	흑					흑			
흘	흘					흘			
훗	훗					훗			

깍	깍					깍			
깐	깐					깐			
깡	깡					깡			
낄	낄					낄			
낌	낌					낌			
꼭	꼭					꼭			
꼴	꼴					꼴			
꼼	꼼					꼼			
꿈	꿈					꿈			
꽃	꽃					꽃			
깸	깸					깸			
낌	낌					낌			
끙	끙					끙			
극	극					극			

✸ 난파선의 사람은 모든 바다를 두려워한다(라틴어) ✸

곬	곬					곬		
곯	곯					곯		
갎	갎					갎		
넒	넒					넒		
넚	넚					넚		
늙	늙					늙		
딱	딱					딱		
딴	딴					딴		
땃	땃					땃		
똘	똘					똘		
똡	똡					똡		
뚝	뚝					뚝		
뚤	뚤					뚤		
뜻	뜻					뜻		

※ 성격은 운명이다 (그리이스) ※

뚱	뚱					뚱		
땡	땡					땡		
닭	닭					닭		
닭	닭					닭		
돌	돌					돌		
닭	닭					닭		
꿈	꿈					꿈		
맣	맣					맣		
맑	맑					맑		
백	백					백		
뱕	뱕					뱕		
뱉	뱉					뱉		
뽁	뽁					뽁		
뻗	뻗					뻗		

* 진실로 착함은 인간 자신의 마음에서 나온다(중국) *

뿔	뿔					뿔			
뼉	뼉					뼉			
뻘	뻘					뻘			
뻣	뻣					뻣			
뼁	뼁					뼁			
삐ㄹ	삐ㄹ					삐ㄹ			
밝	밝					밝			
바ㄹㅂ	바ㄹㅂ					바ㄹㅂ			
싹	싹					싹			
싼	싼					싼			
싸ㄹ	싸ㄹ					싸ㄹ			
쌈	쌈					쌈			
쌋	쌋					쌋			
쌍	쌍					쌍			

※ 오랜 세월 사는 자는 많은 악을 거쳐야 한다(스페인) ※

쌍	쌍					쌍			
쏠	쏠					쏠			
쑥	쑥					쑥			
쏜	쏜					쏜			
쏨미	쏨미					쏨미			
쓱	쓱					쓱			
쓴	쓴					쓴			
쓸	쓸					쓸			
씰	씰					씰			
첫	첫					첫			
쉬래	쉬래					쉬래			
싫	싫					싫			
앗	앗					앗			
엇	엇					엇			

* 자만과 자부심은 인간의 원죄이다(불어) *

올림	올림				올림			
올림	올림				올림			
올흥	올흥				올흥			
일흥	일흥				일흥			
엎	엎				엎			
엎	엎				엎			
짝	짝				짝			
쫄	쫄				쫄			
쯤	쯤				쯤			
쫏	쫏				쫏			
쨀	쨀				쨀			
쥐림	쥐림				쥐림			
흑림	흑림				흑림			
할흥	할흥				할흥			

★ 외로운 사람은 어느곳이든 마음 편하다(러시아) ★

서 울	서 울			서 울	
종 로	종 로			종 로	
부 산	부 산			부 산	
대 구	대 구			대 구	
인 천	인 천			인 천	
부 평	부 평			부 평	
광 주	광 주			광 주	
강 릉	강 릉			강 릉	
동 해	동 해			동 해	
삼 척	삼 척			삼 척	
속 초	속 초			속 초	
원 주	원 주			원 주	
춘 천	춘 천			춘 천	
철 원	철 원			철 원	
과 천	과 천			과 천	
부 천	부 천			부 천	
여 주	여 주			여 주	
성 남	성 남			성 남	
분 당	분 당			분 당	
수 원	수 원			수 원	
안 양	안 양			안 양	

✱ 자만은 파멸앞에 가며, 오만한 마음은 몰락앞에 간다(구약성서) ✱

평택	평택			평택	
일산	일산			일산	
시흥	시흥			시흥	
김해	김해			김해	
마산	마산			마산	
울산	울산			울산	
진주	진주			진주	
진해	진해			진해	
창원	창원			창원	
충무	충무			충무	
밀양	밀양			밀양	
사천	사천			사천	
경주	경주			경주	
구미	구미			구미	
김천	김천			김천	
상주	상주			상주	
성주	성주			성주	
안동	안동			안동	
영주	영주			영주	
영천	영천			영천	
포항	포항			포항	

* 세상에서 출세하려면, 인간성을 지닌 야심을 가져라(중국) *

경 산	경 산			경 산	
나 주	나 주			나 주	
목 포	목 포			목 포	
순 천	순 천			순 천	
여 수	여 수			여 수	
군 산	군 산			군 산	
남 원	남 원			남 원	
이 리	이 리			이 리	
전 주	전 주			전 주	
정 주	정 주			정 주	
공 주	공 주			공 주	
대 전	대 전			대 전	
온 양	온 양			온 양	
천 안	천 안			천 안	
논 산	논 산			논 산	
부 여	부 여			부 여	
서 산	서 산			서 산	
제 천	제 천			제 천	
청 주	청 주			청 주	
충 주	충 주			충 주	
영 동	영 동			영 동	

한글은 글자의 짜임새가 한자와는 다르기 때문에

글씨를 쓰는 요령은 자연 다른 것이다. 한글 글씨

는 궁체에 근원을 두고 쓰이고 있는데、그 선이

한자보다 부드럽고 둥글며、특히 모음의 세로획은

주획 역할을 하고 있어 주의하지 않으면 안된다.

오늘을 배우지 않아도 내일이 있다고 이르지 말며

금년에 배우지 않아도 내년이 있다고 이르지 말아라.

날과 달은 가고 해는 나와 함께 늦어지지 않으니,

슬프다 늙어서 후회한들 이것이 뉘 허물이겠는

가. 일초의 시간인들 가볍게 여기지 말아라.

* 그대의 적은 그대를 현명하게 한다 (이태리) *

보다 부드럽고 둥글며, 특히 모 안된다.

고 쓰이고 있는데, 그 선이 한자 할을 하고 있어 주의하지 않으면

한글 글씨는 궁체에 근원을 두 음의 세로획은 글자의 주획 역

지릉을 한글로 기록하는 일이 많았

처라 하여 궁체라고 일컫는다.

말 번역을 비롯하여 창작·일기·편

궁인들에 의하여 궁중에서 생긴 서

궁중 내전에서는 한문 서적의 우리

다. 따라서 이것을 전문으로 삼는

흘림 글씨 쓰기는 우리의 일상 생활에 가장 많이

쓰이는 글씨체이다. 실용 글씨체로 가장 친근미

를 갖고 있는 것이 또한 흘림체이다. 선은 부드

럽고 굽게 탄력성이 있도록 그어야 한다.

편지는 문장을 통한 서로의 대화이니 만큼 자기가 아는 범위내

에서 받는 사람이 쉽게 이해할 수 있게 써야 한다. 그리고 어느

정도의 격식도 갖추어야 한다. 다 쓴 편지는 한 번쯤 읽어보고 뜻

이 통하지 않는 문장이 없는지 잘 살펴본다. 글씨는 잘못 쓰더

라도 정성껏 쓰게 되면 받는 사람에게 좋은 인상을 주게 된다.

* 나쁜 생활은 나쁜 종말을 가져 온다 (독어) *

흘림 글씨쓰기는 우리의 일상 생활에 가장 많이 쓰이는 글씨체이다. 실용 글씨체로 가장 력성이 있도록 그어야 한다.

친 근 미를 갖고 있는 것이 또한 흘림체이다. 선은 부드럽고 탄

편지 등을 한글로 기록하는 일이 서체라 하여 궁체라고 일컫는다.

리말 번역을 비롯하여 창작·일기·눈 궁인들에 의하여 궁중에서 생긴

궁중 내전에서는 한문 서적의 우 맞았다. 따라서 이것을 전문으로 삼

이어쓰기 연습

누구를 위하여 종은 울리나
아무도
외딴로 떨어진 섬은 아니다.
아무도 자기 혼자만으로는
완전하지 못하다.
사람이란 누구나
커다란 대륙의 한 조각
본토의 한 줄기.
그 조각이란 땅을
파도가 밀려와서 핥으면
씻겨나간 자리만큼
유럽의 흙은 사라진다.
그것은 마치 바다로 뻗어나간
곶(岬)이 사라지듯,
그대 또한
벗들과 당신 스스로 일구던
농장을 잃었도다.
그것이 누구의 최후도 이와 같아서
스스로를 죽이는 것과 같도다.
자기 또한 인류의 일부이기 때문에,
그래서 묻지를 말아다오.
누구를 위하여 종은 울리느냐고.
그 소리야말로
그대를 위하여 울리는 것을. - 존 던 -

FOR WHOM THE BELL TOLLS
ERNEST HEMINGWAY

No man is an *Iland*, intire of it selfe; every man is a peece of the *Continent*, a part of the *maine*; if a *Clod* bee washed away by the *Sea*, *Europe* is the lesse, as well as if a *Promontorie* were, as well as if a *Mannor* of thy *friends* or *of thine owne* were; any mans *death* diminishes me, because I am involved in *Mankinde*; And therefore never send to know for whom the *bell* tolls; It tolls for *thee*.

JOHN DONNE

원고지 쓰기

〈쓰는 요령〉

① 제목은 첫머리에 두 줄 또는 한 줄을 잡아 쓰되, 조금 큰 글자로 약간 들여 쓴다.
② 필자명은 제목 다음 줄에 쓰되, 오른쪽으로 치우치게 쓴다.
③ 본문은 필자명 다음 줄부터 또는 한 줄 띄우고 쓴다.
④ 본문을 쓰기 시작할 때나 줄을 바꿔서 쓸 경우에는 첫째 칸을 비우고 둘째 칸부터 쓴다.
⑤ 한 칸에 한 자씩 써야 하고 〈,〉〈·〉〈?〉〈!〉같은 부호도 한 칸을 잡아 쓴다.
⑥ 〈,〉〈·〉〈" "〉 등의 다음에는 한 칸 띄지 않고, 〈!〉〈?〉 다음에는 한 칸 띈다.
⑦ 한 문장의 마침을 나타낼 때의 〈·〉〈"〉는 같은 칸에 친다.
⑧ 문장중 〈?〉〈!〉 다음에 〈"〉가 올 때에는 각각 다른 칸에 친다.
⑨ 줄의 마지막 칸에 〈?〉〈!〉가 올 때에는 〈"〉를 한 칸에 친다.
⑩ 〈줄임표〉나〈말바꿈표〉 등은 두 칸을 잡아쓴다.
⑪ 따옴표를 붙인 대화에서는 다른 줄을 잡아 쓴다.
⑫ 문장중 인용어일 경우에는 〈' '〉로 묶어 준다.
⑬ 마지막 칸에서 말이 끊어지더라도 다음 줄에서는 첫 칸을 띄지 않는다.
⑭ 〈·〉를 줄의 마지막 칸을 넘겨야 할 경우에는 그 다음 줄의 첫 칸에 찍지 않고 마지막 한 칸 글자 옆에 찍는다.
⑮ 빠진 말은 그 글 줄위의 공간에 쓰고, 삽입표를 한다.
⑯ 줄의 맨 끝에 비울 칸이 없을 때에는 〈V〉표를 한다.

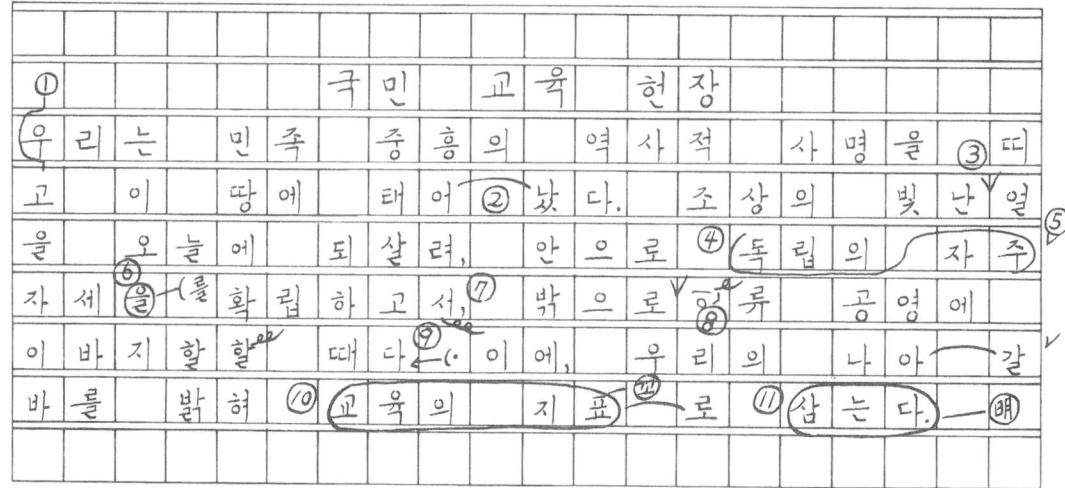

〈위 원고지의 교정 부호 설명〉

① 한 자 내리라는 경우
② 붙이라는 경우
③ 말을 띄우라는 경우
④ 앞뒤를 바꾸라는 경우
⑤ 띄어라는 경우
⑥ 오자를 고치라는 경우
⑦ 한 자 제거하라는 경우
⑧ 바로 세우라는 경우
⑨ 마침표를 넣어라는 경우
⑩ 고딕체로 바꾸라는 경우
⑪ 명조체로 바꾸라는 경우

원고지 쓰는 연습

누구를위하여종은울리나

아무도떨어진섬은아니다. 아무도자기혼자만으로는완전하지못하다. 사람이란누구나커다란대륙의한조각, 본토의한줄기. 그조각이란땅을파도가밀려와서핥으면씻겨나간자리만큼유럽의흙은사라진다. 그것은 마치 바다로뻗어나간곶이사라지듯, 그대또한벗들과당신스스로일구던농장을잃었도다. 그것이누구의최후도이와같아서스스로를죽이는것과같도다. 자기또한인류의일부이기때문에, 그래서묻지를말아다오. 누구를위하여 좋은울리느냐고. 그소리야말로그대를위하여울리는것을.

책을 읽고 그 감상에 대한 일기

어떤 책을 읽고 자기의 주관을 뚜렷이 나타낸다든가 어떤 사물에 가치를 붙여 생각해 보는 것은 정신 성장을 위해서도 보람있는 일이다.

2016년 12월 30일 (금요일) 맑음

뜰 앞 정원 벤취에 앉아 "풀잎과 바람"이란 영문판 책을 읽었는데, 아주 재미있는 내용이었다. 슬프고 가라앉는 듯 하면서도 마음이 들뜨는 내용들이 이름 없는 풀잎에서 읽을 수 있다는 것을 새삼 그 책을 통해서 알 수 있었다. 이제부터 풀잎을 대하는 마음이 예전과는 아주 다르게 될 것 같다.

메모식 일기

매일 비슷한 일기에 싫증이 나는 날에는 중요한 일들을 메모하듯 요약해서 간략하게 조목별로 몇 줄로 적는다.

2016년 12월 29일 (목요일) 흐림

1. 평소보다 조금 늦게 일어났다. 지하철역에서 전근목취 동료 최충서를 만났다.
2. 식자시에 "3분속담영어" 원고지 넘겨줌.
3. 서정속 교수님과 영어회화 원고에 관한 협의.
4. 5시에 영육부 전체 직원 회의.
5. 여행사에 들러 동남아 관광 여행에 관해서 상담.
6. 기타 독주회 관람.

만물이 소생하는 새봄과 함께 내외에 선포하신 회사의 창립을 충심으로 축하 합니다.

지난 八일에 새로이 직물업을 창업하셨다니 시의 적절한 쾌거라 하여 즐거운 마음을 금할 수 없습니다. 일취월장하는 발전으로서 두각을 나타내는 것은 물론, 국민경제에 이바지하는 날이 머지 않을 것을 비오며, 간략히 축하하는 마음 대신합니다.

二○五년 七월 五일

권 순 철 사장님

사공 권 올림

시하 맹하지절에 키하의 더욱 건강 하시옵을 앙축하나이다.

소생 대성사에 재직시에는 많은 애호를 입어 감사무지이오며 금번 저희 목역회사로 전직하게 되었습니다.

앞으로도 끊임없이 애호하여 주시옵기 앙망하나이다.

그럼 내내 안녕하시고 댁내에 보다 행운이 깃드시길 빌며 이 충정 인사 글월 입니다.

二○五년 七월 九일

권일 목역 주식회사

권 중 철 올림

재직 증명서

본 적 : 수원시 팔달로 1가 451
주 소 : 서울특별시 강남구 삼성동 431-561
　　성 명 : 국 성 권
　　　　　　　　1990년 5월 17일생

1. 종사직장명 : 정일무역주식회사
1. 직명및직위 : 영업직 차장
1. 재직기간 : 자 2016년 4월 1일
　　　　　　　지 2017년 1월 5일

상기자는 위와 여히 당 (주) 정일무역에 재직한 자임을 증명함.
　　　　　　　　2017년 2월 10일

채무 이행 최고서

귀하와 본인간에 체결한 2014년 5월 1일자의 대차금 계약증에 따른 채무 이행에 대하여 그 반제 기일인 2015년 7월 1일을 경과하여도 아직 이행치 않고 있으니, 연체 이자 3개월분 사십만원과 원금 오백만원을 오는 11월 5일까지 반제하여 주시기 바라며, 만일 그를 이행치 않을 경우에는 부득이 최후로 법적 수속을 취하겠음을 미리 통지하오며 이에 최고하나이다.
　　　　　　　　2015년 10월 1일
　　주소 : 서울특별시 영등포구 영등포동 14
　　　　　　　최고인 석 정 인 ㊞
　　주소 : 서울특별시 서대문구 홍은동 1234
김 유 정 귀하

재정보증서

본 적 : 경기도 의정부시 1동 54
주 소 : 서울특별시 성북구 돈암1동 414-651
　　　　　성　　명 : 정 상 철
　　　　　주민등록번호 : 900929 ~ 1029510
　　　　　서기 1990년 9월 17일생

　상기자는 사상온건하고 품행이 단정한 자로서 귀 출판사에 입사한후 충실히 복무함은 물론 고의 또는 과오로서 사고를 발생케 하거나 재산상 손해를 입히게 할시는 본인등이 그 책임을 부하겠아옵기 자에 보증함.
　　　　서기 2015년 4월 15일

본 적 : 경기도 의정부시 2동 1453
주 소 : 서울특별시 성북구 돈암1동 416-5374
직 업 : 운수업
　　　　　보 증 인 : 송 사 정 ㊞ (주민등록번호)
　　　　서기 2015년 4월 17일

청렴출판사 귀하

계약 무효 통지서

　귀하와 본인간에 체결한 2013년 12월 30일자의 임야 매매 계약에 대하여서는 그 약정된 조항 제4조를 귀하가 이행치 않음으로써 본 계약은 자동적으로 무효가 되옵기에 이를 통지 하나이다.
　　　　　　2014년 1월 14일
　주소 경기도 의정부시 1동 4
　　　　　통지인 권 형 석 ㊞

장 사 련 귀하

아라비아 숫자 쓰는 법

⟨필법⟩

1. 자획은 보통 45도의 경사로 한다.
2. 각자의 높이는 같게 하고 쓰는 난의 용를 초과하지 않는다.
3. 7자 및 9자는 약간 내려오도록 쓴다.
4. 2자의 첫획은 전체의 ⅓되는 곳에서 부터 시작한다.
5. 3자의 아랫부분이 윗둘레보다 크게 쓴다.
6. 4자는 내려긋는 양획이 평행되게 쓴다.
7. 5자는 아래 둘레의 높이가 전체 높이의 ⅔정도로 쓴다.
8. 6자는 아래 둘레의 높이가 전체 높이의 ⅗정도 되게 쓴다.
9. 7자는 윗쪽의 화살표 부분에 주의한다.
10. 8자는 윗쪽보다 아랫부분의 둘레를 약간 크게 쓴다.
11. 9자는 윗쪽의 둥근 부분에 주의한다.

이력서 쓰기 (인사서식제 1호)

이 력 서

| 사 진 | 성명 | 국 성 애 (인) | 주민등록번호 900215 - 2173610 |
| | 생년월일 | 서기 1990년 2월 15일생 (만 27세) | |

주 소	서울특별시 중구 41길 24	전화번호	
E-mail		H.P	
호적관계	호주와의관계	장 녀	호주성명	국 새 진

년	월	일	학력 및 경력사항	발령청
2003	3	5	의정부 대성초등학교 졸업	학교장
2006	2	9	서울 경일중학교 졸업	〃
2009	3	1	서울 경일여자상업고등학교 입학	〃
2012	2	4	위의학교 졸업	〃
2011	11	3	대한상공회의소주최한자능력검정시험 1급합격	대한상공회의소회장
			위 사실과 틀림이 없음.	
			2015년 4월 10일	
			위 국 성 애 (인)	

정체·흘림체·교정용
한글펜글씨교본

저 자 노 승 신
발행인 우 제 군
발행처 예성출판사
주   소 : 서울시 중구 을지로41길 24 (을지로6가 18-55)
우편번호 : 04564
전   화 : 2267-8739 · 2272-9646 · 2266-9153
팩   스 : (02)2269-3393
발 행 일 : 2017년 1월 20일 초판 발행
등록번호 : 제2-213
등 록 일 : 1979. 11. 22.
* 복사 · 전재 엄금

값 6,000원

ISBN 978-89-7388-302-8